Posso aiutare la mia ansia

Adrian Laurent

Questo libro appartiene a:

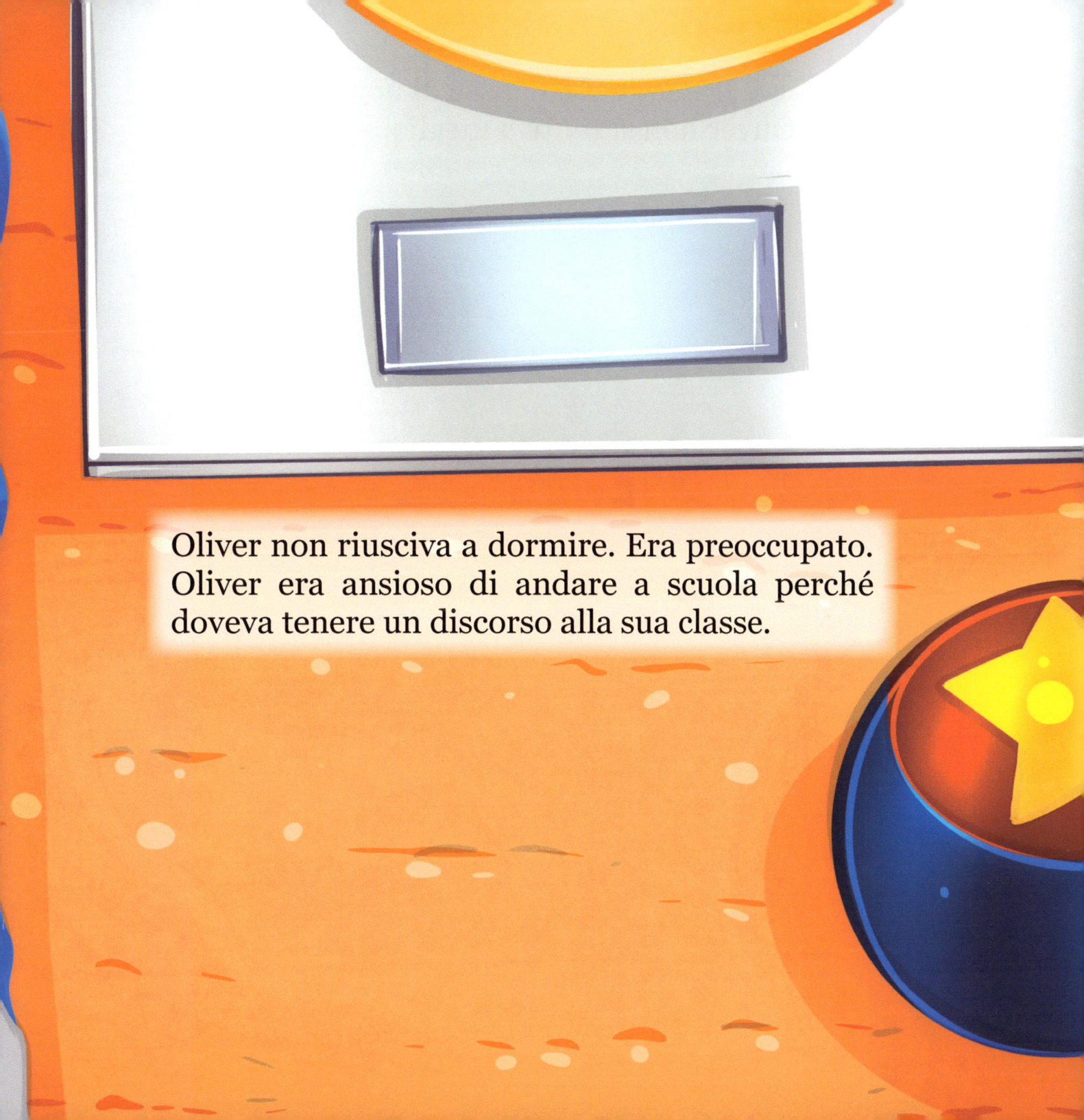

Oliver non riusciva a dormire. Era preoccupato. Oliver era ansioso di andare a scuola perché doveva tenere un discorso alla sua classe.

Oliver parlò con il fratello che gli disse di non preoccuparsi. Oliver non si sentiva meglio.

Oliver andò a scuola e fece il discorso. Sentì il cuore battere forte e le mani iniziare a sudare. Oliver si sentiva ansioso e aveva difficoltà a parlare. Si sentì così spaventato che uscì dalla classe.

At kung ikaw ay mahimbing sa buwan,
Ang aking halik ay gagabayan ng mga
bitiun sa lalong madaling panahon.

Kung makakahanap ka ng
lugar na mapagtataguan,
Hahanapin parin kita kahit
malayo at malawak.

Hahanapin ko kayo sa
hirap at ginhawa.
Saan pumunta ang aking Mahal?

Para sa aking mga anak na babae na sina Christina at Katelyn.
At para sa lahat ng mga bata, upang kanilang
malaman ang pag-ibig ng Diyos
na Siyang nakikipagkasundo sa atin sa Kanyang sarili
L.R.

Oliver ha parlato con la mamma dopo la scuola. "Quando siamo preoccupati per una cosa in particolare, la cosa migliore da fare è esercitarsi. Iniziate con poco e, man mano che diventa più facile, aumentate il livello di difficoltà. Più lo fai e più diventa facile, come la crescita dei muscoli", ha detto.

"Quindi se mi esercito a parlare non sarò così preoccupato! Disse Oliver.

Il giorno dopo Oliver si esercitò a parlare. Prima lo fece da solo. È stato difficile, ma ha continuato a provare ed è diventato più facile.

Il giorno dopo fu ancora più facile. Oliver si esercitò a parlare davanti alla mamma. Andò bene. Ricordava cosa dire e si sentiva meglio a parlare.

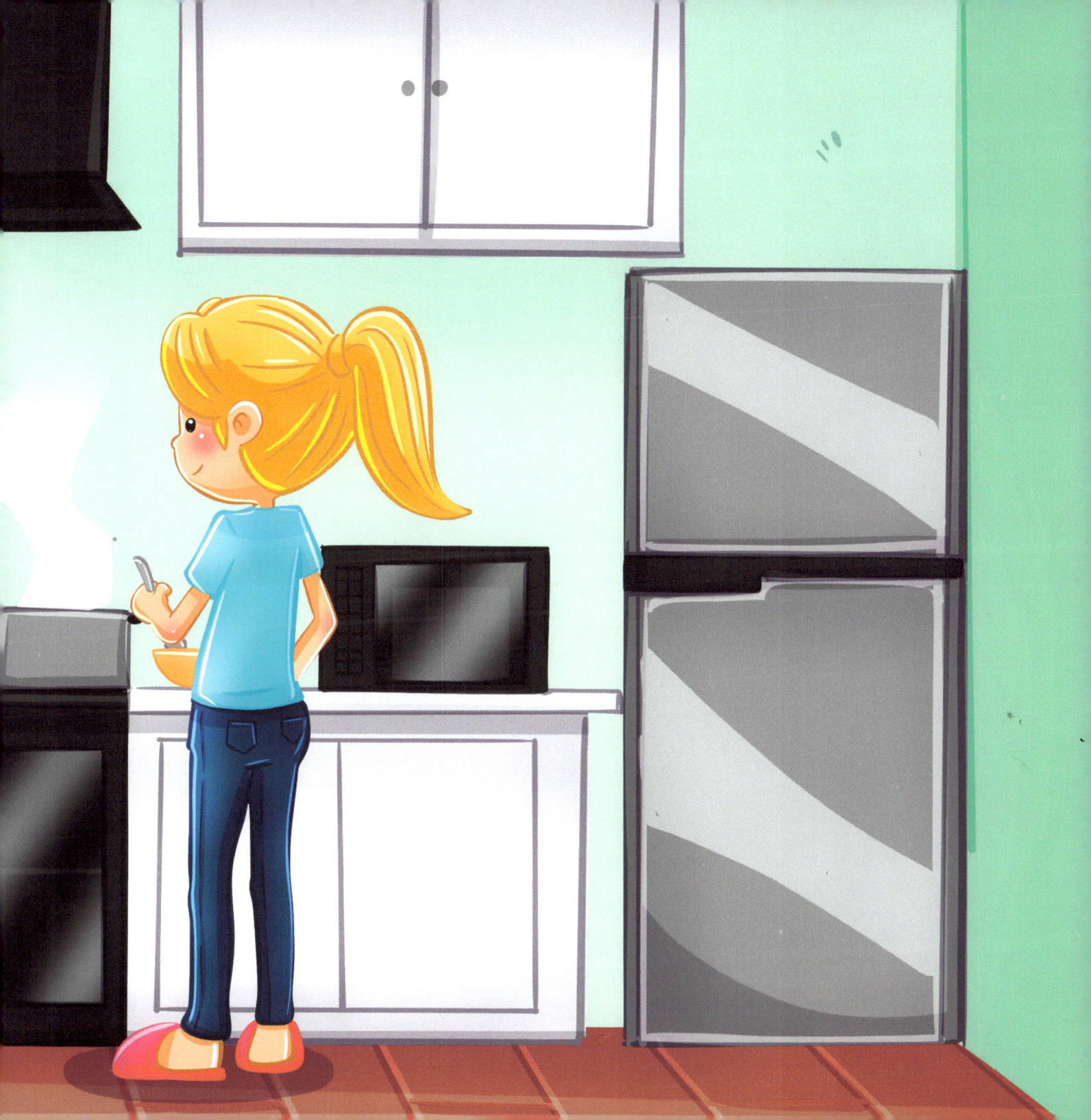

Il giorno dopo parlò a tutta la famiglia e ai vicini di casa. Era difficile, ma Oliver si era esercitato così tanto che ormai lo sapeva bene.

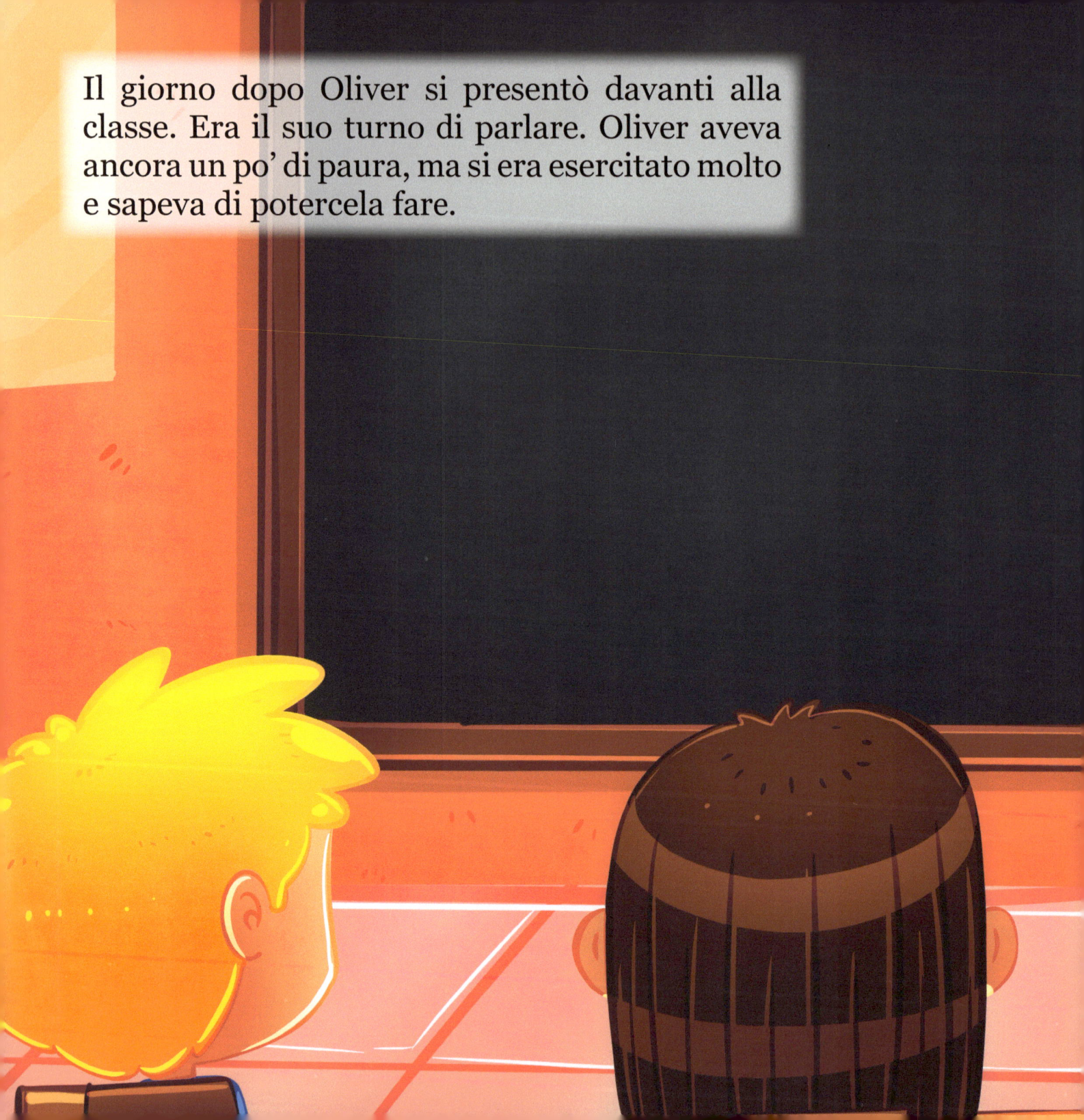

Il giorno dopo Oliver si presentò davanti alla classe. Era il suo turno di parlare. Oliver aveva ancora un po' di paura, ma si era esercitato molto e sapeva di potercela fare.

Oliver tenne il suo discorso proprio come si era esercitato tante volte. Aveva ancora un po' di paura, ma lo conosceva bene e prima che se ne accorgesse aveva finito. Andò così bene che la classe applaudì. Quando finì il discorso, Oliver si sentì benissimo.

L'ansia è come sentirsi spaventati o preoccupati. Il nostro cervello e il nostro corpo lo fanno perché pensano che siamo in pericolo e vogliono combattere o scappare. Questo è utile se si è inseguiti da una tigre dai denti a sciabola, ma normalmente non nella vita di oggi.

Tutti si sentono ansiosi o spaventati a volte. A volte non sappiamo di che cosa siamo preoccupati, ma quando sappiamo che cosa ci fa sentire spaventati possiamo aiutarci facendo piccole cose che ci fanno paura. Come per la costruzione di un muscolo, le cose che ci spaventano migliorano quando le pratichiamo. Dopo un po' non fanno più paura.

Dopo il discorso di Oliver suonò la campanella della scuola. Era la fine della scuola.
"Ricordati che la prossima settimana hai un compito di matematica".

"Oh no!", disse Ann, l'amica di Oliver.
"Non c'è problema", disse Oliver, "se ci alleniamo per questo, non dobbiamo preoccuparci. Lavoreremo sodo insieme".
Ann sorrise.

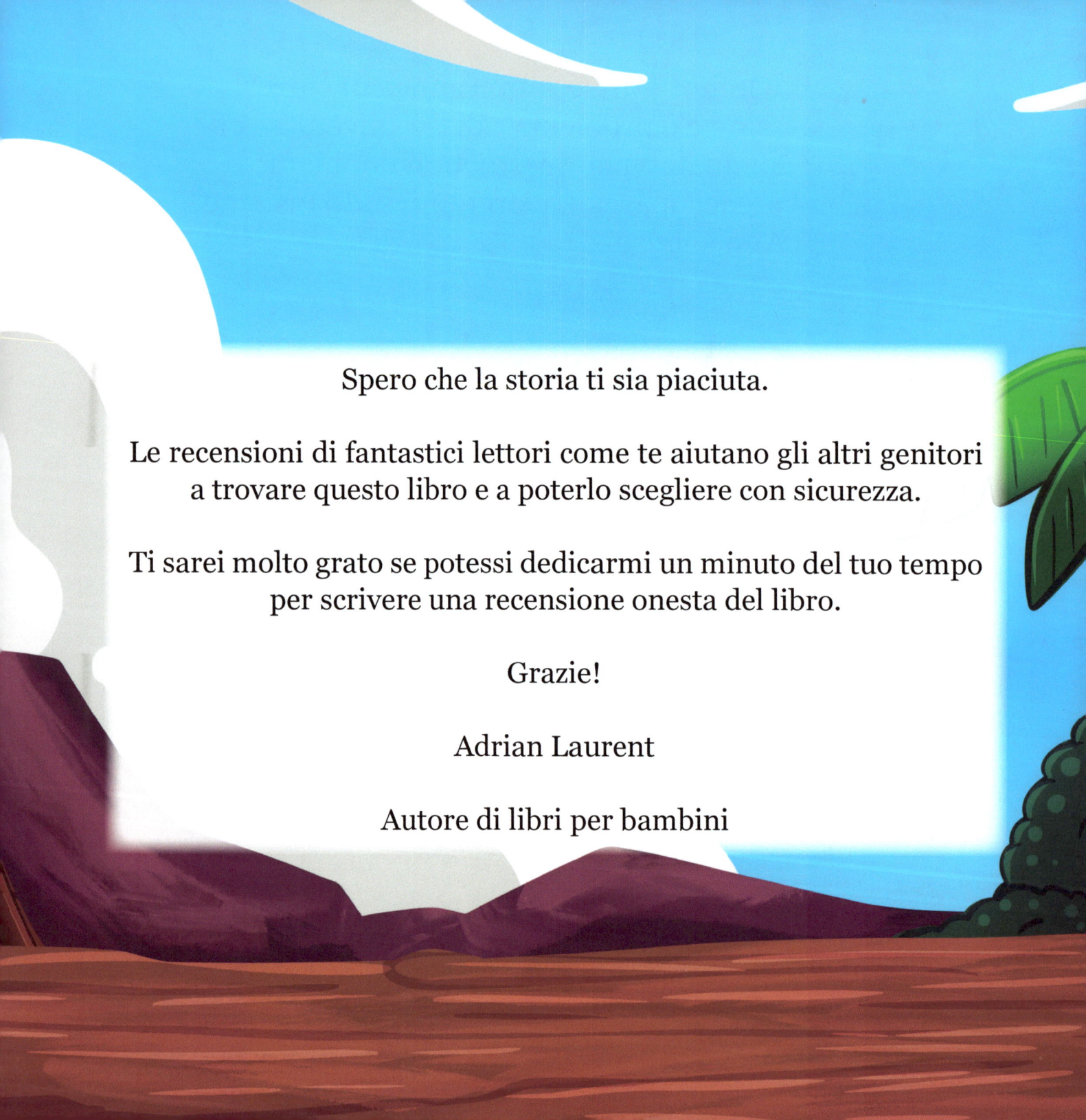

Spero che la storia ti sia piaciuta.

Le recensioni di fantastici lettori come te aiutano gli altri genitori a trovare questo libro e a poterlo scegliere con sicurezza.

Ti sarei molto grato se potessi dedicarmi un minuto del tuo tempo per scrivere una recensione onesta del libro.

Grazie!

Adrian Laurent

Autore di libri per bambini

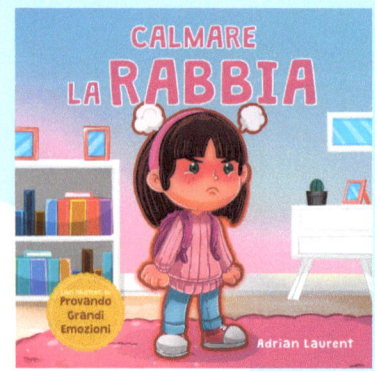

CALMARE LA **RABBIA**

Provando Grandi Emozioni

Adrian Laurent

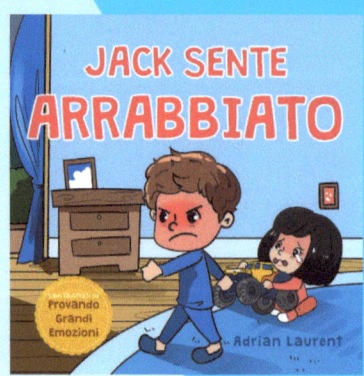

JACK SENTE **ARRABBIATO**

Provando Grandi Emozioni

Adrian Laurent

CRESCITA DI UNA **MENTALITÀ SOLIDA** PER BAMBINI

Provando Grandi Emozioni

Adrian Laurent

LA STORIA DEL **CAPRICCIO** DI TIM DA BAMBINO

Provando Grandi Emozioni

Adrian Laurent

BASTA **PICCHIARE, TIM!**

Provando Grandi Emozioni

Adrian Laurent

LIBRO SULLA **SICUREZZA DEL CORPO** PER BAMBINI

Provando Grandi Emozioni

Adrian Laurent

LIBRO SULLA **SICUREZZA** DEL **CORPO** PER BAMBINI, DI TIM

Provando Grandi Emozioni

Adrian Laurent

FRUSTRATO, ARRABBIATO E PAZZO

Adrian Laurent

Provando Grandi Emozioni

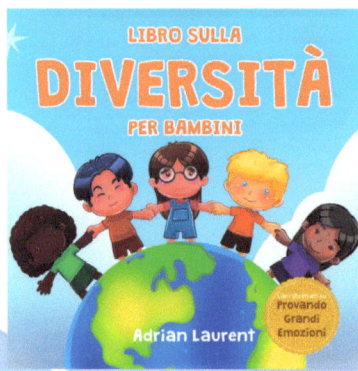

LIBRO SULLA **DIVERSITÀ** PER BAMBINI

Adrian Laurent

LA **DIVERSITÀ** È IL NOSTRO **SUPERPOTERE**

Provando Grandi Emozioni

Adrian Laurent

LIBRO **SULL'ANSIA E** LA **PREOCCUPAZIONE** PER I BAMBINI

Provando Grandi Emozioni

Adrian Laurent

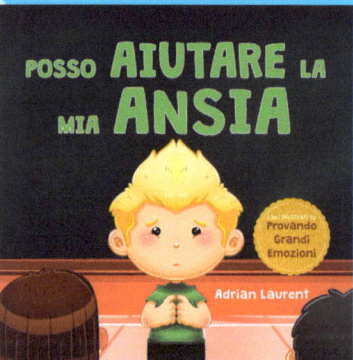

POSSO **AIUTARE** LA MIA **ANSIA**

Provando Grandi Emozioni

Adrian Laurent

I CONFINI DEL CORPO E ME

Provando Grandi Emozioni

Adrian Laurent

Collezionali tutti